Malte Sachsse

Die deutsche „Bildungskatastrophe" und die Reformen der 60er Jahre

GRIN - Verlag für akademische Texte

Der GRIN Verlag mit Sitz in München hat sich seit der Gründung im Jahr 1998 auf die Veröffentlichung akademischer Texte spezialisiert. Die Verlagswebseite www.grin.com ist für Studenten, Hochschullehrer und andere Akademiker die ideale Plattform, ihre Fachtexte, Studienarbeiten, Abschlussarbeiten oder Dissertationen einem breiten Publikum zu präsentieren.

Dokument Nr. V133847 aus dem GRIN Verlagsprogramm

Malte Sachsse

Die deutsche „Bildungskatastrophe" und die Reformen der 60er Jahre

GRIN Verlag

Bibliografische Information Der Deutschen Bibliothek: Die Deutsche
Bibliothek verzeichnet diese Publikation in der Deutschen Nationalbibliografie;
detaillierte bibliografische Daten sind im Internet über http://dnb.ddb.de/
abrufbar.

1. Auflage 2007
Copyright © 2007 GRIN Verlag
http://www.grin.com/
Druck und Bindung: Books on Demand GmbH, Norderstedt Germany
ISBN 978-3-640-40798-9

Universität Duisburg-Essen, Geschichte
Hauptseminar: Deutsche Schulgeschichte im 19./20. Jh.
SoSe 2007

- Hausarbeit -

Die deutsche „Bildungskatastrophe" und die Reformen der 60er Jahre

Malte Sachsse
Lehramt Geschichte GyGe
6. Semester

Inhaltsverzeichnis

I.) Einleitung **3**
II.) Motive der Schulreformen **4**
    II. 1. Picht und das ökonomische Motiv 4
    II. 2. Dahrendorf und das Motiv der Chancengleichheit 7
III.) Bildungsexpansion **10**
    III. 1. Symptome, Ursachen und Wirkungen 10
    III. 2. Reflektion 12
IV.) Bildungspolitische Reformen und Reformkonzepte **13**
    IV. 1. Institutionelle Reformbemühungen im parteipolitischen Kontext 13
    IV. 2. Der „Strukturplan für das Bildungswesen" des Deutschen Bildungsrates ... 15
        2.1. Voraussetzungen 15
        2.2. Der „Strukturplan" 16
    IV.) 3. Bildungsplanung in der Krise 18
V.) Fazit und Ausblick **20**
Literaturverzeichnis **23**

I.) Einleitung

Das Bildungswesen in der Bundesrepublik Deutschland erfuhr in den 1960er Jahren tiefgreifende Veränderungen. In Reaktion auf eine massive Bildungsexpansion insbesondere der weiterführenden Sekundarschulen und Hochschulen, neue wirtschaftliche Herausforderungen und weiterhin ungelöste soziale Strukturprobleme wurde eine Diskussion in Gang gesetzt, die den Boden für umfangreiche Reformen und Reformansätze des Schulwesens bereitete. Die Kritik am deutschen Bildungssystem fand ihre Zuspitzung in dem von Georg Picht 1965 geprägten Schlagwort der „Deutschen Bildungskatastrophe".

In der Phase des Wiederaufbaus nach dem zweiten Weltkrieg hatte man sich in Struktur und Inhalten zunächst am Schulsystem der Weimarer Republik orientiert, mit dem vorrangigen Ziel einer Revision der Veränderungen, die die nationalsozialistische Bildungspolitik vorgenommen hatte. Auch der 1959 verabschiedete „Rahmenplan zur Umgestaltung und Vereinheitlichung des allgemein bildenden öffentlichen Schulwesens" brach nicht mit dem überlieferten 3-gliedrigen Modell, und dennoch lieferte er wichtige Denkanstöße und Impulse für die folgende Reformdiskussion in den 60er Jahren[1].

Mit dieser Diskussion, ihren Ursachen und Folgen beschäftigt sich die vorliegende Arbeit. Zur Gliederung wird zunächst eine Unterscheidung zweier Hauptmotive der Reformen vorgenommen, die in der insgesamt unübersichtlichen Debatte freilich nicht immer klar zu trennen sind und sich zudem teilweise gegenseitig bedingen: Ein ökonomisches, auf die wirtschaftliche Prosperität und Wettbewerbsfähigkeit der BRD im globalen Rahmen zielendes Motiv, sowie das Motiv der Chancengleichheit zwischen den verschiedenen sozialen Gruppen innerhalb Deutschlands. In diesem Zusammenhang stehen die Veröffentlichungen zweier der führenden Protagonisten in der Reformdiskussion: In Bezug auf das ökonomische Motiv folgt die Argumentation hier in erster Linie Georg Picht, die Darstellung des Motivs der Chancengleichheit fußt weitgehend auf den Ideen Ralf Dahrendorfs, wobei auch diese Zuordnung von Autoren und Aspekten allein der Übersichtlichkeit dient. Den Hintergrund für die Reformdiskussion bildeten starke quantitative Veränderungen des Schulbesuchs, die anschließend in ihren Ursachen, Wirkungen und Folgeproblemen untersucht werden. Den tatsächlich in Reaktion auf die Kritik initiierten Strukturreformen ist ein weiteres Kapitel gewidmet. Hier werden neben den institutionellen Maßnahmen seit Mitte der 60er Jahre besonders das Reformkonzept des „Deutschen Bildungsrates", dessen wissenschaftliche

---

[1] Vgl. Michael, Berthold/ Schepp, Heinz-Hermann (Hg.): Die Schule in Staat und Gesellschaft. Dokumente zur Deutschen Schulgeschichte im 19. und 20. Jahrhundert, Göttingen 1993, S. 412-418.

Voraussetzungen und die Probleme bei seiner Umsetzung hervorzuheben sein, bevor dann in einem abschließenden Fazit die Ergebnisse reflektiert und mit Blick auf die gegenwärtige Bildungsdiskussion interpretiert werden.
Insgesamt wurde der Schwerpunkt der Darstellung auf die zweite Hälfte der 60er Jahre gesetzt. Die schulpolitischen Diskussionen und Entwicklungen erhielten den Vorrang vor den hochschulpolitischen Veränderungen.

II.) Motive der Schulreformen

II. 1. Picht und das ökonomische Motiv

Die Auswirkungen des deutschen „Wirtschaftswunders" der 1950er Jahre hielten zu Beginn der 60er noch an. Doch trotz der positiven Effekte der herrschenden Vollbeschäftigung zeichnete es sich etwa zeitgleich mit der Schließung der Grenze nach Ostdeutschland ab, dass die Verknappung von qualifizierten Arbeitskräften und ein langsam sinkendes Wirtschaftswachstum Interventionen notwendig machen würden. Dass derartige Interventionen bildungspolitischer Natur sein könnten, zeigten bildungsökonomische Überlegungen aus den USA und England, die einen Zusammenhang zwischen der Investition in „Humankapital" und dem Wirtschaftswachstum sahen. Für die BRD war die Übernahme solcher Ideen im Hinblick auf den Anschluss an die leistungsstarken westlichen Industrienationen einerseits, im Hinblick auf die ideologisch aufgeladene und weltpolitisch bedingte Konkurrenz mit den Ostblockländern andererseits von vitalem Interesse[2]. In diesem Zuge ist die These Georg Pichts zu verstehen: "Bildungsnotstand heißt wirtschaftlicher Notstand"[3]. Die politische und wirtschaftliche Führungsschicht, die das Wirtschaftswunder ermöglicht habe, sei in dem damals modernen Schulsystem vor dem ersten Weltkrieg groß geworden, welches seit dem 19. Jh. Deutschland den Aufstieg in den Kreis der großen Kulturnationen eröffnet habe. Internationale Schulstatistiken zeigten, dass dieses Kapital verbraucht sei, Deutschland in der europäischen Rangliste zurückstehe[4].
Picht, selbst Philosoph, Theologe und Pädagoge, u.a. Heidegger-Schüler und seit 1965 Professor für Religionsphilosophie an er theologischen Fakultät in Heidelberg[5], war zuvor als Mitglied des „Deutschen Ausschusses für das Erziehungs- und Bildungswesen" an der

---

2 Vgl. Herrlitz, Hans-Georg/ Hopf, Wulf/ Titze, Hartmut/ Cloer, Ernst: Deutsche Schulgeschichte von 1800 bis zur Gegenwart. Eine Einführung, Weinheim und München [4]2005, S. 171-172.
3 Picht, Georg: Die deutsche Bildungskatastrophe. Analyse und Dokumentation, Olten und Freiburg im Breisgau 1964, S. 17.
4 Vgl. ebd., S. 16.
5 Vgl. Noss, Peter: Georg Picht, in: http://www.bautz.de/bbkl/p/picht_g.shtml (Stand: 14.08.2007).

Abfassung des „Rahmenplans" beteiligt gewesen. 1964 veröffentlichte er seine Artikelserie „Die Deutsche Bildungskatastrophe" in der Zeitschrift „Christ und Welt". Dabei nimmt er insbesondere die „Bedarfsfeststellung 1961 bis 1970" der Kultusministerkonferenz zum Anlass für seine heftige Kritik am deutschen Bildungssystem. Der dort errechnete bevorstehende Zuwachs an Schülern[6] und der Fehlbestand an Lehrern für diese Schüler[7] sind für ihn der Hauptgrund, von einem „Bildungsnotstand" zu sprechen. Da 1970 44 Prozent der Lehrer in den Ruhestand eintreten würden ergebe sich, „dass im Zeitraum von von zehn Jahren rund 300.000 neue Lehrer aller Schularten gewonnen werden müssen"[8]; wenn eine ausreichende Versorgung der Schulen sichergestellt sein solle „müssten sämtliche Hochschulabsolventen Lehrer werden"[9]. Zur Finanzierung müsse der Jahresetat für Schulausgaben im selben Zeitraum von 5,7 auf 9,2 Milliarden DM erhöht werden, der nötige Ausbau von Schulen und Hochschulen mache einmalige Investitionen von 50 Milliarden erforderlich[10].

Ein großer Mangel an Abiturienten verhindere die Deckung des Bedarfs unserer Gesellschaft an qualifizierten Nachwuchskräften und mache Rückstände im internationalen Vergleich absehbar (Vgl. Anhang Tab. 1). Die Gründe dafür sieht Picht in dem Versagen der Länder wie auch des Bundes und in Konstruktionsmängeln des Verwaltungssystems, deren föderative Verfasstheit eine angemessene Reaktion auf die gegenwärtigen Probleme nicht zulasse[11]. Er entwirft darum ein „Notstandsprogramm", das sich in vier Hauptforderungen zusammenfassen lässt:

1 Zur Modernisierung des ländlichen Schulwesens mit seinem starken Bildungsgefälle und den brach liegenden Begabungsreserven sollten Mittelpunktschulen errichtet werden[12] (siehe auch Kap. II. 2.).

2 Es müssten Maßnahmen zur Verdopplung der Abiturientenzahl in zehn Jahren ergriffen werden, u.a. durch veränderte Übergangsbedingungen und erhöhte Durchlässigkeit des Bildungswesen. Verstärkt solle damit über Aufbauzüge des „zweiten Bildungsweges" zum Abitur geführt werden[13].

3 Die nötigen Lehrer müssten ausgebildet werden, wobei die geänderten Anforderungen

---

6	Vgl. Ständige Konferenz der Kultusminister der Länder in der Bundesrepublik Deutschland: Bedarfsfeststellung 1961 bis 1970 für Schulwesen, Lehrerbildung, Wissenschaft und Forschung, Kunst und Kulturpflege. Dokumentation, Stuttgart, ohne Jahr, S. 19-22.
7	Vgl. ebd. S. 23-25.
8	Picht: Bildungskatastrophe, S. 21.
9	Ebd., S. 23.
10	Vgl. ebd., S. 42-43.
11	Vgl. ebd., S. 43-46.
12	Vgl. ebd., S. 68-69.

in ihrem Beruf bereits die bevorstehende Studienreform der Universitäten am Horizont sichtbar werden ließen[14].

4 Ferner müsse im Rahmen einer Neuordnung der Kulturverwaltung eine verstärkte Kooperation von Bund und Ländern erfolgen und ein Regierungsausschuss unter Vorsitz des Bundeskanzlers eingerichtet werden[15].

Man mag die Thesen Georg Pichts als schwarzseherisch, seinen Ton als populär und polemisch kritisieren, zumal er mit dem Bild eines „Notstands" operiert[16]. In der Tat scheint es zunächst verwunderlich, einen Theologen und Philosophen wie Picht in diesem Maße energisch und pragmatisch mit vorwiegend ökonomischen Fakten argumentieren zu hören. Die Wahl mag aus unterschiedlichen Gründen auf eine derartige Argumentationsform gefallen sein, z.b. um mit Verweisen auf die Wettbewerbsfähigkeit aus der Teilöffentlichkeit des Bildungswesens zu den politischen Entscheidungsträgern durchzudringen und sich dort sich besser Gehör zu verschaffen. Damit hatte er auch Erfolg. Es ist natürlich nicht so, wie Günther Schnuer in seiner Ausklammerung der Komplexität der Debatte schreibt, dass Pichts Ausführungen „bei einem Heer von Bildungsreformern und -politikern, die sich mitreißen ließen, begeisterte Aufnahme"[17] fanden. Vielmehr gab es viele Stimulanzien für die Bildungspolitik in einem Geflecht von Bedarfsannahmen, internationalen Vergleichen und gesellschaftskritischen Erkenntnissen[18].

Ferner bedeutet der Entwurf eines kurzfristigen Notstandsprogramms bei Picht nicht, dass er nicht weiter sah: In einem Vortrag von 1961 betrachtete er die Anpassung der Schule an tiefgreifende gesellschaftliche Veränderungen als unausweichliche Notwendigkeit. Die Schule habe dem Wandel der Rolle der Familie in der modernen Gesellschaft durch die Übernahme weitreichender Erziehungsaufgaben ebenso Rechnung zu tragen, wie sie „die Ausbildung einer den Bedingungen des 20. und 21. Jahrhunderts genügenden sozialen Lebenshaltung und öffentlichen Moral"[19] als ihren zentralen Auftrag begreifen müsse.

---

13 Vgl. ebd., S. 69-73.
14 Vgl. ebd., S. 73-80.
15 Vgl. ebd., S. 83-87.
16 Siehe Dahrendorfs Kritik in Kap. II. 2. zweiter Absatz und Anmerkung 20.
17 Schnuer, Günther: Die Deutsche Bildungskatastrophe. 20 Jahre nach Picht - Lehren und Lernen in Deutschland, Herford 1986, S. 19.
18 Vgl. Ellwein, Thomas: Interessenartikulation und Bildungsdiskussion, in: Führ, Christoph/ Furck, Carl-Ludwig (Hg.): Handbuch der deutschen Bildungsgeschichte, Band 6: 1945 bis zur Gegenwart. Erster Teilband. Bundesrepublik Deutschland, München 1998, S. 92.
19 Picht, Georg: Grundprobleme der Schulreform, in: Friedeburg, Ludwig von (Hg.): Jugend in der modernen Gesellschaft (= Neue wissenschaftliche Bibliothek Bd. 5. Soziologie), Köln/Berlin ⁷1971 (1965), S. 376.

Insofern greift die angesprochene Reduzierung der pichtschen Argumentation zu kurz.

II. 2. Dahrendorf und das Motiv der Chancengleichheit

Ralf Dahrendorf, Philosoph und Soziologe und seit 1958 Professor für Soziologie an der Hamburger Universität, begann 1968 eine politische Karriere bei den Freien Demokraten. Er wirkte unter Walter Scheel im Außenministerium der sozialliberalen Koalition, bevor er 1970 Mitglied der Europäischen Kommission wurde. Später kam er zahlreichen Lehrtätigkeiten in England und Deutschland nach[20].

In seiner 1965 erschienenen Publikation „Bildung ist Bürgerrecht" greift er die Warnung Pichts vor einer „Bildungskatastrophe" auf und kritisiert, dass das Bild von einem Notstand in erster Linie reaktive statt aktive Bildungspolitik, eher Notmaßnahmen als eine bildungspolitische Konzeption herausfordere[21]. Er begreift Bildung als ein soziales Grundrecht aller Bürger, und dieses Recht zu sichern sei die vornehmliche Aufgabe einer „aktiven Bildungspolitik". Das Prinzip findet seinen Ausdruck in der Forderung nach „materialer Chancengleichheit", d.h. nach der „Lösung der Menschen aus ungefragten Bindungen und Befreiung zu eigener Entscheidung"[22]. An dieser Stelle sei nur kurz auf die unterschiedliche Interpretation hingewiesen, die der Begriff der materialen Chancengleichheit bei den Sozialdemokraten dagegen erfuhr: Während Dahrendorf weitgehend auf eine Veränderung von Einstellungen zielte, sollten nach sozialdemokratischem Verständnis sozial bedingte Defizite durch entsprechende Maßnahmen seitens der Schule kompensiert werden. Die Erweiterung der höheren Bildungsabschlüsse sollte eine Verbesserung der Lebensverhältnisse nach sich ziehen. Diese Ziele waren institutionell eng an die Forderungen nach der integrierten Gesamtschule geknüpft (siehe Kap. IV. 1.)[23]. Wie Picht fordert Dahrendorf eine Erhöhung der Zahl der Abiturienten - welcher er einen Indexcharakter beimisst -, aber auch der Mittelschulabsolventen sowie einen Ausbau der bestehenden Bildungseinrichtungen („Aktive Bildungspolitik heißt Expansion des Bildungswesens auf allen Stufen"[24]). Im Gegensatz zu Picht besitzt für ihn der erste Bildungsweg Priorität: Die Bevorzugung von Zweitem Bildungsweg, beruflicher Weiterbildung und Erwachsenenbildung sei „in Wirklichkeit eine Version konservativer Bildungspolitik, die von den wichtigsten

---

20   Vgl. Smith, Julie: Biography of Dahrendorf, in:
     http://www.liberalhistory.org.uk/item_single.php?item_id=23&item=biography&PHPSESSID=32f74420ec3
     3 (Stand: 14.08.2007).
21   Vgl. Dahrendorf, Ralf: Bildung ist Bürgerrecht. Plädoyer für eine aktive Bildungspolitik, Hamburg
     1972 (1965), S. 14.
22   Ebd., S. 27.
23   Vgl. Herrlitz: Schulgeschichte, S. 174-175.
24   Dahrendorf: Bildung, S. 45.

Kernproblemen ablenkt"[25].

Aufgrund des deutlichen Missverhältnisses zwischen sozialen Schichten der Bevölkerung und deren Repräsentation an den Hochschulen (Vgl. Anhang Tab. 2) legt er ein besonderes Augenmerk auf vier benachteiligte Gruppen, denen der Übergang zu weiterführenden Schulen erschwert sei:

1 Den Landkindern sei durch mangelhafte Bildungsinfrastruktur, fehlende Mobilität und tradierte Werteinstellungen der geographische Ort ein Hindernis für den sozialen Aufstieg[26].

2 Auch bei den Arbeiterkindern spielten neben der finanziellen Lage und dem unzureichenden Schulangebot in den Arbeitervierteln innerfamiliäre, überkommene soziale Rollenvorstellungen mit hinein[27].

3 Bei den Frauen wirke ebenfalls ein traditionelles soziales Rollenbild nach, weshalb „die Reform weniger der Schule und ihren Formen als den Institution gewordenen Wertungen der Gesellschaft" [28] gelten müsse.

4 Für das katholische Bildungsdefizit mache Erlinghagen ein „Mißtrauen gegenüber der Welt und allzu selbständiger Persönlichkeitsentfaltung"[29] verantwortlich.

Als Vorschläge zur Reform nennt Dahrendorf Maßnahmen kurzfristiger und solche langfristiger Art. Als erste Schritte fordert er Bildungswerbung (wie die Aktion „Student aufs Land"), Begabungstests bisher schulferner Gruppen, neue Schulbauten auf dem Land, Bereitstellung von Schulbussen[30]. Dem immer häufiger werdenden vorzeitigen Abgang vom Gymnasium solle entgegengewirkt werden, indem Lehrer Nichtversetzungs-Entscheidungen begründen müssten und Kinder aus bildungsfernen Familien zusätzliche Betreuung erhalten sollten[31]. Im Zuge der Gliederung der Hochschulen solle ein systematischer Aufbau des Studiums vorangetrieben werden, um den Übergang auf die Hochschulen zu erleichtern.

Die langfristigen Maßnahmen bestünden in der Ausweitung einer erfahrungswissenschaftlichen Bildungsforschung, die neue Modelle und Konzepte entwickelt und in Modellschulen erprobt[32], in der Einbeziehung von Bildungsplanung in die Bildungspolitik[33] sowie in einer neu geregelten Organisation bildungspolitischer

---

25 Ebd., S. 34.
26 Vgl. ebd., S. 67-69.
27 Vgl. ebd., S. 69-70.
28 Ebd., S. 71-73.
29 Vgl. ebd., S. 74-75.
30 Vgl. ebd., S. 124-125.
31 Vgl. ebd., S. 128-129.
32 Vgl. ebd., S. 138-140.
33 Vgl. ebd., S. 140-145.

Entscheidungsfindung innerhalb des bestehenden föderativen Systems[34].

Neben Picht war Dahrendorf einer der einflussreichsten Fürsprecher der Reformen. Die Betonung der sozialen Frage und die Hervorhebung des Rechts auf Bildung eines jeden Bürgers ist sehr liberal, aber auch sehr human. Wie sich in den später umgesetzten Reformen zeigte, waren die sozial benachteiligten Gruppen in die öffentliche Wahrnehmung gelangt. Etwas problematisch erscheint es hingegen, wenn Dahrendorf als Hauptproblem all dieser Gruppen einen den eigenen Horizont begrenzenden Traditionalismus ausmacht. Ob diese Feststellung nicht die tatsächlichen Strukturprobleme und (bei Landbewohnern und Arbeitern) existierenden finanziellen Benachteiligungen marginalisiert, ist diskussionswürdig. Es ist eben die Frage, ob das „System sozialer Kontrollen [...] den Betroffenen nicht etwa äußerlich ist, sondern von ihnen übernommen und unreflektiert verwaltet wird"[35]. In solchen Einschätzungen kommen natürlich Wertvorstellungen zum Tragen, wie der Glaube an die Fähigkeit zur Selbstbestimmung und -befreiung des Individuums aus eigener Kraft. In diesem Fall sind dies Wertvorstellungen, wie sie auch von der späteren Partei des Autors vertreten werden (siehe hierzu auch die liberale Vorstellung materialer Chancengleichheit weiter oben). Dies ist auch gar nicht verwerflich, nur sollte es durchaus hinterfragt werden. Wichtiger in diesem Zusammenhang ist aber, dass aktive Bildungspolitik hier als Gesellschaftspolitik verstanden wird und somit auf außerschulische Instanzen wie Elternhaus, Gemeinde und Öffentlichkeit ausgeweitet wird.

Insgesamt klingt die Darstellung Dahrendorfs gewählter in der Sprache und differenzierter in der Argumentation als diejenige Pichts, konnte sie allerdings auch aufgrund des etwas späteren Erscheinungsdatums auf dessen Thesen Bezug nehmen. Aus der Vermeidung einer dramatischen „Notstandsdiagnose" resultiert eine distanziertere Analyse und klarere und mit Blick auf das tatsächlich Durchführbare umrissene Forderungen, die in Sofortmaßnahmen und langfristige Notwendigkeiten gegliedert sind. Es ist aber hier nicht das Anliegen, beide Arbeiten im Detail einander gegenüberzustellen. Vielmehr diente ihre Darstellung der Illustration zweier Hauptmotive der Reformen, der Analyse der Umstände, die zu ihrer Wahrnehmung geführt haben und der Schlussfolgerungen, die daraus gezogen worden sind.

Wenn im Folgenden die Aspekte Bildungsexpansion und Reformkonzepte in getrennten Kapiteln behandelt werden, ist darauf hinzuweisen, dass diese beiden Erscheinungen in einem spezifischen Wechselverhältnis standen: Machte der Andrang auf die weiterführenden

---

34 Vgl. ebd., S. 145-149.
35 Ebd., S. 74.

Schulen eine Reaktion der Bildungsverwaltung unausweichlich, begünstigten demgegenüber quantitative und qualitative Veränderungen des Schulwesens wiederum die Expansion. Von daher erscheint es sinnvoll, zunächst von den quantitativen, weitgehend systemimmanenten Veränderungen im Schulwesen unter dem Kapitel „Bildungsexpansion" zu sprechen, bevor dann qualitativ-strukturelle Reformansätze - vornehmlich der neu gegründeten Institutionen wie Bildungsrat etc. - unter „Reformen und Reformkonzepte" behandelt werden. Dabei ist versucht worden, Überschneidungen, wenn sie nicht vermeidbar sind, gering zu halten.

III.) Bildungsexpansion

III. 1. Symptome, Ursachen und Wirkungen

In dem Zeitabschnitt nach 1960 ist ein rasantes Wachstum der Schülerzahlen an den weiterführenden Sekundarschulen, d.h. an Realschulen, Gesamtschulen und Gymnasien festzustellen. Die Gründe waren einerseits demographischer Art: Der stetige Anstieg der Geburtenzahl seit 1945 (die dann ab 1965 wieder drastisch sank) und der Zuzug von Migranten waren wichtige Einflussfaktoren. Das Wachstum der absoluten Schülerzahlen machte den Ausbau der bestehenden Institutionen und damit höhere Bildungsinvestitionen notwendig. Die bedeutendere Betrachtung des relativen Schulbesuch aber zeigt ein gewachsenes Interesse an mittlerer und höherer Bildung (Siehe Anhang Tab. 3). In der Folgezeit der Expansion konnte sich der mittlere Abschluss zum „Standard schulischer Grundqualifikation" entwickeln, die Zahl der Hochschulabschlüsse von 47.800 (1960) auf 163.000 (1989) steigen und das Niveau der Schulabschlüsse sich insgesamt steigern[36]. Dass die Politik auf diesen Andrang mit Ausbau und Wachstum reagierte, ist verständlich und war auch notwendig, doch ging mit den quantitativen Veränderungen zunächst keine qualitative, in die bestehenden Strukturen eingreifende Neuorientierung einher. Vielfach wurden Rufe nach einem Gesamtkonzept laut, um welches sich dann der Deutsche Ausschuss für das Erziehungs- und Bildungswesen ('59), später dann der Deutsche Bildungsrat ('65) auch bemühten. Im Zusammenhang mit dem seit 1965 immer stärker verfolgten bildungspolitischen Planungsdenken (siehe Kap. IV.) wurde der Ausbau vor allem höherer Schulen und Hochschulen massiv vorangetrieben, was aber im Sinne von Gleichheitsvorstellungen mit der stärkeren Regionalisierung und Maßnahmen zur sozialen Förderung (BAföG) verbunden wurde[37].

---

36 Vgl. Herrlitz: Schulgeschichte, S. 181-186.
37 Vgl. Ellwein: Interessenartikulation, S. 92-93.

Ermöglicht wurde die Expansion durch verschiedene Faktoren: Auf der einen Seite standen die geänderten Bildungswünsche von Eltern und Schülern. Ellwein sieht den Grund dafür darin, dass aufgrund der Erfahrung von Krieg und Vertreibung in der deutschen Gesellschaft Bildung im Sinne einer guten Ausbildung eine höhere Wertschätzung erfuhr[38]. Ergänzend ist die These von Herrlitz u.a. zu verstehen, dass die Wohlstandsentwicklung der Nachkriegszeit den vormals so wichtigen schnellen Berufseinstieg nicht mehr erforderte[39].

Ferner spielten die höhere Bildungsbeteiligung der Mädchen und die gestiegenen Qualifikationsanforderungen in der Privatwirtschaft eine Rolle[40].

Von Seiten der Schule fand eine Verbesserung der Übergangsauslese nach der Grundschule statt, Mindestschulgrößen und Ausbau des Transportwesens sollten zur Qualitätssteigerung im ländlichen Schulwesens beitragen. Eine Lockerung der Fremdsprachenanforderungen für das Gymnasium, die Schaffung und Ausweitung von Nebenwegen zum Abitur und die Neugestaltung der gymnasialen Oberstufe sollten die höhere Bildung durchlässiger gestalten[41].

Die letzten beiden Punkte lassen sich gut am Beispiel der Alfred-Krupp-Schule in Essen-Frohnhausen (AKS) illustrieren. 1960 wurde dem damals noch mathematisch-naturwissenschaftlichen Gymnasium für Jungen ein spezieller Aufbauzug für Realschulabsolventen angegliedert, der ab 1965 die Bezeichnung „Gymnasium in Aufbauform für Realschulabsolventen" erhielt. In besonderen Klassen konnten auf diese Weise Mädchen[42] und Jungen (nach Durchlaufen eines Aufnahmeverfahrens, welches ein Gutachten, überdurchschnittliche Leistungen in den letzten vier Zeugnissen und einen 5 Wochenstunden umfassenden Vorbereitungslehrgang erforderte) die Hochschulreife erlangen. Der Versuch scheint sehr erfolgreich verlaufen zu sein[43].

In Bezug auf die „Saarbrücker Rahmenvereinbarung" der Kultusministerkonferenz von 1960 wurde 1970 die Neugestaltung der gymnasialen Oberstufe - zunächst im Modellversuch - umgesetzt. Sie sah eine Verminderung der Zahl der Pflichtfächer vor, was eine Konzentration der Bildungsinhalte erforderlich machte. Das neuartige Kurssystem wurde eingeführt und das Verhältnis von Pflicht- und Wahlpflichtfächern musste geregelt werden. In diesem Zuge vollzog sich auch die Enttypisierung von der mathematisch-naturwissenschaftlichen Ausrichtung, womit die „Aufbauschüler" mit den „Stammschülern" nun volle

---

38 Vgl. ebd., S. 91.
39 Vgl. Herrlitz: Schulgeschichte, S. 187.
40 Vgl. ebd., S. 188.
41 Vgl. ebd., S. 186.
42 In diese Zeit fiel auch der erste Eintritt von Mädchen in die Schule.
43 Vgl. 75 Jahre Alfred-Krupp-Schule. 1908-1983, Essen 1983, S. 25-27.

Gleichberechtigung erhielten[44]. Bundesweit setzte sich diese Oberstufenreform durch, wenn auch der Autor der AKS-Festschrift die Neuregelungen sehr kritisch betrachtet[45].

III. 2. Reflektion

Die Bildungsexpansion erfährt heute insgesamt eine eher negative Gesamtwahrnehmung. Sie wird durch verschiedene Schlagworte bestimmt: Akademikerschwemme, Niveauverlust vieler Abiturienten, Kopflastigkeit des deutschen Bildungssystems, Nachwuchsmangel im Handwerk[46].

Zumindest die ersten beiden Punkte können heute entkräftet werden: Seit den späten 70er Jahren sind zwar auch Akademiker von der wachsenden Arbeitslosigkeit betroffen, doch die eigentlichen Verlierer sind vielmehr die Absolventen von Haupt- und Sonderschulen und Abbrecher ohne Abschluss, da die verstärkte Abschlussquote in der höheren Bildung die niedrigen Abschlüsse degradierte. Für das Absinken des Niveaus der höheren Abschlüsse fehlt jeder Beweis, indirekte Informationen deuten eher auf das Gegenteil hin[47].

Es hat sich gezeigt, dass der Andrang auf die Institutionen der höheren Bildung und die von ihm ausgelösten Reformen in einem bestimmten Wechselverhältnis standen. In diesem Zuge setzten sich Vorstellungen der Planbarkeit und Steuerbarkeit von Bildungspolitik durch, quantitativen Bedarfsanalysen wurde große Bedeutung zugesprochen. Jedoch interpretierte man die Überfüllungskrise in den akademischen Berufen seit Mitte der 70er Jahre dahingehend, dass das Pendel gewissermaßen zurückgeschwungen und der forcierte Ausbau von Bildungseinrichtungen über das Ziel hinausgeschossen sei. Entsprechend schürte die Einsicht in die Unvorhersehbarkeit demographischer Entwicklungen wie dem „Pillenknick" Ende der 60er Jahre Zweifel an dem Steuerungsgedanken. So wurde bereits Mitte der siebziger Jahre im Rückblick ironisch von der „Planungseuphorie" des vorigen Jahrzehnts gesprochen[48]. In dieser Hinsicht erlangt die Erkenntnis, dass die Bildungsexpansion einer gewissen Eigendynamik unterliege und sich selbst trage, große Überzeugungskraft. Auf diese Weise hätten sich Studentenzahlen über zwei Jahrhunderte „in *langen Zyklen* der „Überfüllung" und des „Mangels" entwickelt[49].

In dem oben genannte Wechselverhältnis erschiene Bildungspolitik in diesem Sinne dann eher als ein reaktives Instrument. Für die Prognose gesellschaftlicher Gesamtentwicklungen

---

44   Vgl. ebd., S. 27-29.
45   Vgl. ebd, S. 30-31.
46   Vgl. Ellwein: Interessenartikulation, S. 94.
47   Vgl. Herrlitz: Schulgeschichte, S. 189-190.
48   Vgl. Ellwein: Interessenartikulation, S. 94.
49   Herrlitz: Schulgeschichte, S. 187.

und für die Dämpfung zu starker Hoffnungen in eine allumfassende Planung und Vorhersehbarkeit sind solche Erkenntnisse hilfreich; dass man deshalb den vehementen Einsatz Dahrendorfs für eine **aktive** Bildungspolitik resigniert abtut, ist jedoch gefährlich: Die Marginalisierung der Bildungspolitik zugunsten anderer Politikbereiche und der Verwaltung des Bestandes, wie in der von Ellwein angesprochenen Regierungserklärung Helmut Kohls von 1994[50] zeitigt Konsequenzen, von denen wir einige in diesen Jahren zu tragen haben.

IV.) Bildungspolitische Reformen und Reformkonzepte

IV. 1. Institutionelle Reformbemühungen im parteipolitischen Kontext

In den hier behandelten Zeitraum fallen die Legislaturperioden dreier verschiedener Koalitionsregierungen: Die christlich-liberale Koalition unter Ludwig Erhard amtierte von 1963 bis 1966, die Große Koalition von CDU und SPD unter Kurt Georg Kiesinger vom November '66 bis zum September '69, von wo an SPD und FDP dann bis 1974 unter Willy Brandt und bis 1982 unter Helmut Schmidt eine Regierung bildeten. Die bildungspolitischen Tendenzen bei den Parteien lassen sich seit Mitte der 60er Jahre im Groben wie folgt charakterisieren: Die bildungspolitischen Leitsätze der SPD von 1964 mündeten 1969 in das „Modell eines demokratischen Bildungswesens" mit der integrierten Gesamtschule als Mittelstufe. Obwohl auch die CDU größere Durchlässigkeit der Bildungswege anstrebte, hielt sie am „dreigliedrigen, differenzierten Schulsystem" fest, während die FDP '65 auf die Kritik Hildegard Hamm-Brüchers mit dem dreigliedrigen System brach und eine „differenzierte Leistungsschule" nach dem Konzept einer „offenen Schule" verfolgte[51].

Die Einführung der integrierten Gesamtschule als Regelschule lehnte die CDU bis zum Ende der 70er Jahre ab. Bereits früh zeigte sich so, dass Gesamtschulen sich zunächst nur in Modellversuchen würden erproben lassen können[52].

Trotz der Schwierigkeiten der Konsensbildung bei unterschiedlichen bildungspolitischen Vorstellungen der Parteien erwirkten die anhaltende Kritik, die Bedarfsanalysen und Schulstatistiken Interventionen der Politik in zwei Feldern: In dem im vorigen Kapitel genannten Ausbau in Verbindung mit dem Ziel insbesondere der Erhöhung der Abiturientenzahl sowie in der Verstärkung von Planungsaktivitäten. Letztere war mit der

---

50   Vgl. Ellwein: Interessenartikulation, S. 95.
51   Vgl. Furck, Carl-Ludwig: Entwicklungstendenzen und Rahmenbedingungen, in: Führ, Christoph/ Furck, Carl-Ludwig (Hg.): Handbuch der deutschen Bildungsgeschichte, Band 6: 1945 bis zur Gegenwart. Erster Teilband. Bundesrepublik Deutschland, München 1998, S. 251.
52   Vgl. Hüfner, Klaus/ Naumann, Jens/ Köhler, Helmut/ Pfeffer, Gottfried: Hochkonjunktur und Flaute: Bildungspolitik in der Bundesrepublik Deutschland 1967-1980, Stuttgart 1986, S. 65.

Schaffung mehrerer Institutionen und Gremien verbunden, die im Sinne eines kooperativen Föderalismus bundesweite bildungspolitische Kooperations- und Koordinationsaufgaben versehen sollten. Eines der wichtigsten und bis heute bestehenden Gremien mit derartigen Aufgaben bestand jedoch schon seit 1949: Die Kultusministerkonferenz[53] (KMK). Sie schuf 1965 als politische Beratungsinstanz nach dem Vorbild des 1957 gegründeten Wissenschaftsrates den „Deutschen Bildungsrat". Dieser war in zwei Kammern unterteilt: Eine hauptsächlich aus Wissenschaftlern bestehende Bildungskommission sollte den Kultusministern und politischen Vertretern in einer Regierungskommission Vorschläge unterbreiten. In seinen beiden 5jährigen Amtsperioden erließ der Bildungsrat 18 Empfehlungen und 50 Gutachten. Die wichtigsten Publikationen darunter waren die „Empfehlung zur Einrichtung eines Experimentalprogramms mit Gesamtschulen" und der „Strukturplan für das Bildungswesen" von 1970[54].

Während in der Regierungserklärung Kiesingers vom 13.10.1966 die Bildungspolitik nicht vorkam, betonte Willy Brandt in der seinen vom 28. 10. 1969, dass Bildung und Ausbildung, Wissenschaft und Forschung an erster Stelle seiner Reformmaßnahmen stehen sollten. Der Schluss seiner Rede zeigt, dass die von den Reformern vorgetragenen Hauptmotive (siehe Kap. I.) endgültig Einzug in die bildungspolitischen Leitideen der Bundesregierung gehalten hatten: „Bildung, Ausbildung und Forschung müssen als ein Gesamtsystem begriffen werden, das gleichzeitig das Bürgerrecht auf Bildung sowie den Bedarf der Gesellschaft an möglichst hochqualifizierten Fachkräften und an Forschungsergebnissen berücksichtigt. Grundlegende Reformen in Bildung und Forschung sind zugleich Bedingung für die zukünftige wirtschaftliche Wettbewerbsfähigkeit unseres Landes"[55]. Der „Bildungsbericht '70" der Bundesregierung enthielt eine umfassende, gesamtstaatlich orientierte Bildungsprogrammatik und stand in engem Zusammenhang mit dem fast gleichzeitig erschienenen „Strukturplan"[56]. Diesem Plan soll der folgende Abschnitt gewidmet sein. Zwar ist die genaue Umsetzung aller in ihm geäußerten Empfehlungen nicht gelungen, ebenso wenig wie die Installation wesentlicher in ihm genannter Vorhaben in Gestalt eines Bildungsgesamtplans auf gesamten Bundesgebiet. Dennoch haben einige Punkte Eintritt in das deutsche Schulwesen gefunden und dazu beigetragen, das starre 3-gliedrige System zu flexibilisieren.

---

53   Siehe hierzu auch: Entschließung der Ständigen Konferenz der Kultusminister der Länder in der Bundesrepublik Deutschland zur Frage der Kulturhoheit von Bund und Ländern (1949), in: Michael/Schepp: Schule, S. 410-412.
54   Vgl. Arbeitsgruppe Bildungsbericht am Max-Planck-Institut für Bildungsforschung: Das Bildungswesen in der Bundesrepublik Deutschland. Strukturen und Entwicklungen im Überblick, vollständig überarbeitete und erweiterte Neuausgabe Hamburg 1994 (1979), S. 88-89.
55   Deutscher Bundestag, 1969/70, S. 26 f., zitiert bei: Hüfner: Hochkonjunktur, S. 56.

IV. 2. Der „Strukturplan für das Bildungswesen" des Deutschen Bildungsrates

2.1. Voraussetzungen

Zwei wesentliche Voraussetzungen waren für die tatsächliche Form und Gestalt des „Strukturplan" entscheidend: Die intensive Auseinandersetzung mit neuen Schulkonzepten wie Ganztags- und Gesamtschulen[57] einerseits und der Einbezug der Resultate der modernen Begabungsforschung[58]. Letztere sind in dem von H. Roth herausgegeben Sammelband als Gutachten und Studien des Bildungsrates in Form von Beiträgen renommierter Wissenschaftler enthalten[59]. Einige allgemeine Ergebnisse sind fundamental für die Konzeption des „Strukturplans" und sollen kurz dargestellt werden.

1 Ein erstes wichtiges Ergebnis ist, dass der Begriff der Begabung im Sinne einer biogenetischen Determinante gegen einen Begriff von Lernvoraussetzungen ausgetauscht wurde, die erworben oder eben nicht erworben werden.

2 Lernleistungen wurden als von sehr viel mehreren und bedeutenderen Faktoren abhängig erkannt als von Begabung im o.g. Sinne.

3 Begabung ist nicht nur Voraussetzung von Lernen sondern auch dessen Ergebnis. Lernprozesse sind wiederum abhängig von Sozialisations- und Lehrprozessen[60].

Diese Feststellungen mögen noch sehr allgemein klingen. Sie sind aber der gemeinsame Nenner, von dem aus im Verlauf des Kompendiums das Lernen in seinem komplexen Gesamtzusammenhang von menschlichen Anlagen, Reifeprozessen und kognitiver Aneignung untersucht und in seinen Zusammenhang von familiärer Sozialisation und schulischen Bedingungen gestellt wird.

Darüber hinaus werden Folgerungen aus den Ergebnissen gezogen, von denen die wichtigsten genannt werden sollen:

1 Eine angemessen große Zahl von Begabungen könne nur identifiziert und gefördert werden, wenn möglichst vielen Kindern der Zugang zu weiterführenden Schulen eröffnet werde[61].

2 Der vorschulischen Erziehung müsse besondere Bedeutung beigemessen werden. Sie

---

56 Vgl. Hüfner: Hochkonjunktur, S. 57-58.
57 Siehe hierzu: Deutscher Bildungsrat: Einrichtung von Schulversuchen mit Gesamtschulen, in: Michael/Schepp: Schule, S. 423-427.
58 Vgl. Deutscher Bildungsrat: Empfehlungen der Bildungskommission. Strukturplan für das Bildungswesen, Stuttgart ^{4}1972 (1970), S. 15.
59 Roth, Heinrich (Hg.): Begabung und Lernen. Ergebnisse und Folgerungen neuer Forschungen (= Deutscher Bildungsrat. Gutachten und Studien der Bildungskommission Bd. 4), Stuttgart ^{10}1976 (1968).
60 Vgl. ebd., S. 22.

müsse bereits durch die Förderung kognitiver Fähigkeiten auf die Schule vorbereiten und besonders im sprachlichen Bereich seien kompensatorische Maßnahmen bei Kindern aus sozial schwachem Umfeld notwendig[62].

3 Gefordert wird zudem eine Verbesserung der Lehrerausbildung[63].

Des Weiteren werden Lehrplanentwicklungen angeregt, die Vorverlegung des Schuleintrittsalters um ein Jahr sowie eine schulformunabhängige Orientierungsstufe vorgeschlagen[64].

Durch Folgerung 1. wurden die zu diesem Zeitpunkt bereits betriebenen Zugangserleichterungen zu weiterführenden Schulen auf ein lernpsychologisches Fundament gestellt. Die anderen Punkte fundierten die im Strukturplan konkretisierten Empfehlungen. Allgemein lässt sich fürs Erste die theoretische Begründung für die Ablösung des Auslesegedankens durch den Gedanken der Förderung im Schulsystem als Kernaussage herausstellen.

2.2. Der „Strukturplan"

Der Strukturplan umfasst die Stufen des Bildungswesens vom Elementarbereich über den Primar- und Sekundarbereich bis zur Weiterbildung, ferner die Lehrerbildung. Hochschulpolitische Fragen (mit Ausnahme eben der Lehrerbildung) waren dabei dem Wissenschaftsrat vorbehalten[65]. Diesem oblag es seit seiner Gründung 1957, Empfehlungen zur inhaltlichen und strukturellen Entwicklung der Hochschulen, der Wissenschaft und der Forschung zu erarbeiten, Überlegungen zu deren finanzieller Verwirklichung anzustellen und sie zwischen Bund und Ländern abzustimmen. Seine Empfehlungen waren stets sehr einflussreich und seine noch heute andauernde Arbeit besonders im Bereich des Aus- und Neubaus von Hochschulen sowie der Forschungsorganisation und -finanzierung die meiste Zeit über durchaus erfolgreich[66].

Als allgemeines Ziel wird die Fähigkeit des Individuums zur Verwirklichung seiner Freiheit im Rahmen der Verfassung erklärt. Wichtig erscheint, dass die Verfasser aus den Grundrechten ableiten, dass das öffentliche Bildungsangebot für alle Lernenden gemeinsame Elemente aufweisen muss: In der Zielorientierung, der pädagogischen Grundlinie, der

---

61 Vgl. ebd., S. 552.
62 Vgl. ebd., S. 553.
63 Vgl. ebd., S. 559-560.
64 Vgl. ebd., S. 555-557.
65 Vgl. Bildungsrat: Strukturplan, S. 16.
66 Vgl. Arbeitsgruppe Bildungsbericht: Bildungswesen, S. 90-91.

Wissenschaftsbestimmtheit der Lerninhalte und Methoden[67].

Mehrere Maßnahmen betreffen die Schulorganisation: In Form eines Stufenschulsystems sollen Elementarbereich[68], (umgebaute) Grundschule[69] über eine schulformunabhängige Orientierungsstufe in den Klassen 5 und 6[70] in die schwerpunktmäßig differenzierbare Sekundarstufe I[71] führen, die mit einem qualifizierten Abschluss (Abitur I) abgeschlossen wird. Die stark differenzierte Sekundarstufe II soll zum Abitur II führen sowie zu verschiedenen berufsqualifizierenden Abschlüssen. In diesem Bereich würde also eine starke Verzahnung beruflicher und allgemeiner Bildung stattfinden[72].

Auf didaktisch-curricularer Ebene sollen Inhalte verwissenschaftlicht werden. Die Trennung von Volksbildung und wissenschaftlicher Bildung sei angesichts der Bedingungen in der modernen Gesellschaft obsolet geworden[73].

Dieser auf den ersten Blick scheinbar weniger von historischem als von erziehungswissenschaftlichem Interesse geleitete Exkurs der Kapitel IV. 2.1. und 2.2. wurde aus verschiedenen Gründen unternommen: Er zeigt ein Beispiel zielgerichteter wissenschaftlicher Grundlagenforschung und (siehe Kap. IV. 3.) Probleme bei ihrer tatsächlichen politischen Umsetzbarkeit. Somit zeigt er möglicherweise auch zukünftige Handlungsperspektiven auf. Ferner illustriert er exemplarisch die Bildungsplanungsarbeit in der sozialliberalen Koalition. Man muss sich vor Augen halten, dass diese Jahre eine kleine Periode eines bildungspolitischen Konsenses darstellen, wie er sich erst heute langsam wieder abzuzeichnen beginnt. Das in diesem Kontext entworfene Menschenbild charakterisiert gewissermaßen den Geist dieser Reformperiode: Die Schwerpunktsetzung auf die Bildung des Individuums sowie die Bildungsfähigkeit eines jeden Menschen entziehen einem auf Abschottung bedachten System, in dem die Überrepräsentation bestimmter sozialer Gruppen durch überlieferte Vorstellungen von Bildungsprivilegien und Rangunterschieden legitimiert werden kann, den Boden. Jene Überrepräsentation wird als ein Resultat frühzeitiger irreversibler Festlegungen auf bestimmte Bildungslaufbahnen entlarvt, also von Entscheidungen, die nicht aufgrund tatsächlicher Begabungen, sondern aufgrund von - durch die individuelle Sozialisation bedingten - Vorsprüngen in der kognitiven und sozialen

---

67   Vgl. Bildungsrat: Strukturplan, S. 29.
68   Vgl. ebd., S. 102-122.
69   Vgl. ebd., S. 123-146.
70   Vgl. ebd., S. 147.
71   Vgl. ebd., S. 147-158.
72   Vgl. ebd., S. 159-214.
73   Vgl. ebd., S. 33.

Persönlichkeitsentwicklung getroffen werden.

IV.) 3. Bildungsplanung in der Krise

Um aus diesen Plänen einen langfristigen bildungspolitischen Gesamtplan zu entwickeln, riefen Regierung und Ministerpräsidenten die „Bund-Länder-Kommission für Bildungsplanung und Forschungsförderung" (BLK) ins Leben. Möglich wurde dieses Gremium durch die Ergänzung des Grundgesetzes durch den Artikel 91b noch unter der Großen Koalition, der dem Bund bei sogenannten „Gemeinschaftsaufgaben" - wie Bildung und Forschung - ein Planungs- und Förderungsrecht einräumt[74].

Der 1973 verabschiedete Bildungsgesamtplan war im Grunde keiner: Er enthielt zwei Pläne: Den der für die integrierte Gesamtschule und eine schulformunabhängige Orientierungsstufe gestimmten Mehrheit und den der Minderheit (Baden-Württemberg, Bayern, Rheinland-Pfalz, Saarland, Schleswig-Holstein), die keine Entscheidung über Organisationsformen wollten. Die Länder gingen fortan wieder eigene Wege, die KMK erlangte gegenüber der BLK die größere Bedeutung[75].

Die Arbeit des Bildungsrates war indes aufgrund von politischen und wissenschaftlichen Kontroversen in seiner zweiten Amtsperiode in die Kritik geraten. Letztlich infolge der Konfrontation zwischen der sozialliberalen Mehrheit und christdemokratischen Opposition war die Bildungskommission spätestens seit 1975 nicht mehr arbeitsfähig. Das Mandat des Bildungsrates wurde nicht verlängert[76]. Hüfner u.a. nennen einige Kritikpunkte, die von den Kultusministern bereits in der ersten Amtsperiode vorgebracht wurden[77], auf die hier nicht im Einzelnen eingegangen werden kann. Beispielhaft sei hier der Vorwurf einer mangelnden Rücksichtnahme auf die Finanzierungsmöglichkeiten der Vorschläge genannt.

Die Gründe für das Scheitern eines einheitlichen Bildungsgesamtplans auf der Grundlage des „Strukturplans" sind komplex und stehen wohl mit dem Ende des Bildungsrates in Verbindung.
Herrlitz u.a. sehen einen Grund in dem Missverständnis (bzw. wohl eher Kommunikationsproblem), dass der noch unklare Rahmen der im Strukturplan vorgestellten Schule schon für die ab sofort konkret umzusetzende Schulform genommen wurde[78]. Im Strukturplan hieß es denn auch „Der Strukturplan vermeidet es, für die Zukunft bestimmte

---

74 Vgl. Hüfner: Hochkonjunktur, S. 75-77.
75 Vgl. Furck: Entwicklungstendenzen, S. 252.
76 Vgl. Arbeitsgruppe Bildungsbericht: Bildungswesen, S. 89.
77 Vgl. Hüfner: Hochkonjunktur, S. 159-164.

Organisationsformen der Schule zu dogmatisieren"[79].Bei Hüfner u.a. impliziert die Charakterisierung der Ära Brandt als „Phase der sozialliberalen Euphorie und des reformerischen Aktivismus"[80] durch die in diesem Zusammenhang negative Konnotation des „Aktivismus"-Begriffs eine Kritik an den Reformbemühungen seitens Regierung und Planungsgremien[81]. Andere sehen das Problem im Föderalismus: „Das Abrücken von der Bildungsplanung erklärt sich wesentlich aus unterschiedlichem politischen Wollen, das im System des föderativen Staatsaufbaus eine grundgesetzlich abgesicherte formale Stütze hat"[82].

Versuche in den 80er Jahren, den Bildungsgesamtplan fortzuschreiben, scheiterten aufgrund von Finanzierungsproblemen. Dazu trug die erste Ölkrise von 1974 bei, die auch den Glauben in längerfristige ökonomische Planungsaktivitäten erschütterte. Die Integration von allgemeiner und beruflicher Bildung scheiterte am Widerstand der Unternehmer, ausgelöst durch Furcht vor einem Verlust von Lehrlingen an die allgemeine Bildungslaufbahn. Mit dem Rückzug der Politik aus den Reformen ging scheinbar aber auch eine Relativierung seitens der Wissenschaft einher[83]. Kurt Kreuser, früherer BLK-Generalsekretär bemerkte aber: „Der eigentliche Grund für das Scheitern der Fortschreibung ist [...] darin zu suchen, daß die Verabschiedung des fortgeschriebenen Bildungsgesamtplans in der Öffentlichkeit als ein Erfolg der damaligen sozialliberalen Koalition hätte angesehen werden können und aus diesem Grund verhindert werden mußte"[84].

Politisch fehlgeschlagen ist der Versuch, die drei Schularten im Bereich der Sekundarstufe I durch die Gesamtschule abzulösen. Dennoch gelang es, die Gesamtschule (mit unterschiedlichen Ausprägungen zwischen „gesamtschulfreundlichen" bzw. - „feindlichen" Ländern, s.o.) als Regelschule neben den traditionellen Schularten zu etablieren[85]. Auch sind andere positive Ergebnisse im Sinne einer Flexibilisierung des Typenschulsystems zu verzeichnen. Dazu gehören die zweijährige Orientierungsstufe, die neugestaltete Oberstufe, die Einrichtung der Fachoberschule und die Erhöhung der Durchlässigkeit zwischen den Schultypen durch die Annäherung der Lehrpläne und Stundentafeln der Schulen der

---

78	Vgl. Herrlitz: Schulgeschichte, S. 177.	
79	Bildungsrat: Strukturplan, S. 20.	
80	Hüfner: Hochkonjunktur, S. 30.	
81	Wobei hier allerdings nicht nur die Bemühungen im Bildungsbereich, sondern die innenpolitischen Reformen generell angesprochen sind. Siehe hierzu ferner die Kritik an der Arbeit des Bildungsrates ebd. S. 157-164.	
82	Klemm, Klaus u.a.: Bildungsgesamtplan '90: Ein Rahmen für Reformen (=Veröffentlichungen der Max-Traeger-Stiftung Bd.12), Weinheim und München 1990, S. 33.	
83	Vgl. Herrlitz: Schulgeschichte S. 177-178.	
84	Furck: Entwicklungstendenzen, S. 252-253.	
85	Vgl. Hüfner: Hochkonjunktur, S. 171.	

Sekundarstufe I[86]. Da längerfristige Prognosen, geschweige denn Planungen in der Bildungspolitik seitdem ausblieben, gab es z.b. Anfang der 90er Jahre angesichts neuer Herausforderungen wie die Neuorientierung der Bildungspolitik in der Europäischen Gemeinschaft dennoch Anstrengungen, weiter an einem Bildungsgesamtplan zu arbeiten, wie in dem Projekt: Bildungsplan ´90 der Hans-Böckler-Stiftung und der Max-Traeger-Stiftung[87].

V.) Fazit und Ausblick

Die Darstellung hat ansatzweise zu zeigen versucht, wie vielschichtig und unübersichtlich die Vorgänge im deutschen Bildungswesen in den 60er Jahren waren. Eine Hilfe bei der Orientierung kann es in diesem Zusammenhang sein, den Ausführungen Ellweins zu folgen, der das Bildungswesen als eine zutiefst heterogene Teilöffentlichkeit aus Parteien, Verbänden und Institutionen begreift, innerhalb der - kurioserweise unter Ausschluss vieler von ihr Betroffener - eine Diskussion stattfindet, die es aufgrund ihrer Parzellierung und des Fehlens eines internen Einigungszwanges schwer hat, den Weg in die Öffentlichkeit zu finden[88]. Nach 1945 hätten sich zwar viele Bezüge zwischen der Teilöffentlichkeit Bildungswesen und anderen Teilöffentlichkeiten ergeben, doch sei es nicht zu einem dauerhaften Austausch gekommen[89]. Darüber hinaus ist eine solche Diskussion natürlich abhängig von dem historischen, gesellschaftlichen und ökonomischen Kontext.

Diese Vielschichtigkeit macht es so schwer, was auf den ersten Blick ganz offensichtlich angebracht scheint: Die Herstellung von Parallelen zwischen der Debatte der 60er Jahre und der aktuellen, das Aufzeigen einer geraden Entwicklungslinie von der „Bildungskatastrophe" zum „PISA-Schock". Eine genaue Analyse der Beziehungen zwischen damals erfolgten oder nicht erfolgten Reformen und gegenwärtigen Missständen, wie sie derartige Unternehmungen erfordern würden, kann hier nicht geleistet werden, doch kann man durchaus einzelne Aspekte herausstellen. Natürlich ist es auffällig, dass eine 30 Jahre alte Idee wie die Gesamtschule unter dem Namen „Gemeinschaftsschule" heute wieder Auferstehung feiert und dass diese Auferstehung von den gleichen parteipolitischen Querelen und von ähnlichen klassenbewussten Vorbehalten gegenüber einer Schule begleitet wird, in der Schüler ungeachtet ihrer sozialen Herkunft und (vermuteten) Leistungsfähigkeit unterrichtet werden[90]. Statt sich darüber jedoch selbstgerecht zurückzulehnen in dem Bewusstsein, es damals schon gewusst zu haben, macht es ungleich mehr Sinn, die Ursachen für das Scheitern einiger

---

86 Vgl. Herrlitz: Schulgeschichte: S. 179-181.
87 Vgl. Klemm: Bildungsgesamtplan, S. 5.
88 Vgl. Ellwein: Interessenartikulation, S. 95-104.
89 Vgl. ebd., S. 104.

Reformansätze zu analysieren, die ja über die Forderung nach einer bestimmten Institution hinausgingen. In Kap. IV. 3. ist das in Bezug auf den Bildungsgesamtplan ansatzweise getan worden. Gründe wie die mangelnde parteipolitische Konsensfähigkeit innerhalb eines nicht immer effektiven föderativen Systems, Finanzierungsschwierigkeiten etc. stehen jedoch noch in einem größeren Zusammenhang: Es ist in der Diskussion damals wie heute nur selten zu bemerken, dass der Wert von Bildung - zumindest in der politischen Öffentlichkeit - abseits von ökonomischem Nützlichkeitsdenken definiert wird. Im Zusammenhang mit Picht haben wir über die mobilisierende Funktion des ökonomischen Arguments nachgedacht. Dieses hat seine Berechtigung, wenn es den Wohlstand für möglichst viele Menschen zum Anliegen hat, sie zu einer freien Berufswahl und zur Entfaltung ihrer Kräfte in einem funktionierenden Wirtschaftssystem befähigen will. Die Momente aber, in denen es seine Tragkraft entfaltet, sind nicht vorhersehbar: Sie sind abhängig von Schwankungen im Wirtschaftsgefüge und kurzfristig gedachten Reaktionen darauf. Ferner zeitigen bildungspolitische Interventionen weder unmittelbare Verbesserungen, noch lassen sich ökonomische Erfolge immer als positiver Effekt solcher Interventionen identifizieren. So ist der dramatische wirtschaftliche Abstieg Deutschlands, wie er bisweilen prophezeit wurde, ausgeblieben. Es ist offenbar möglich, den Titel des „Exportweltmeisters" auch ohne ein vorbildliches Bildungssystem zu erringen. Wirtschaftliche Entwicklungen sind derart multikausal und bildungspolitische Erfolge oft so schwer sichtbar, dass die Verwobenheit beider allein nicht zur Fundierung einer aktiven Bildungspolitik herhalten kann. Dennoch erscheint eine solche Argumentation bisweilen notwendig, um die Diskussion besagter Teilöffentlichkeit zu einer öffentlichen Diskussion zu machen. Wir haben die Zeit, in die die Verabschiedung des „Strukturplans" fiel, als einen kurzen Augenblick weitgehenden bildungspolitischen Konsenses herausgestellt. Es war eine Zeit, in der die Bundesregierung die Bildungspolitik zu ihrem Hauptanliegen gemacht hatte und leider schienen die ersten Schwierigkeiten, die bei der Umsetzung auftauchten, Grund genug zu sein, diesen Punkt wieder von der Tagesordnung zu nehmen. Daher kann man den neuerlichen Reformeifer, für dessen Auslösung erst wieder große Katastrophenmeldungen in Reaktion auf den „PISA-Schock" notwendig waren, als wichtige Chance begreifen. Voraussetzung für deren Wahrung ist allerdings, dass sich über institutionelle Maßnahmen hinaus ein breiter Diskurs über den Wert von Bildung anschließt. Es ist eben nur die eine Feststellung, dass deutsche Schüler schlechter lesen, schreiben und rechnen können als Schüler anderer Länder. Der eigentliche Skandal aber ist die dramatische Abhängigkeit der Bildungschancen von der sozialen Herkunft. Wir bewegen uns an diesem

---

90 Vgl. Spiewak, Martin: Die Revolution von Fehmarn, in: Die Zeit. Nr. 29, 12.Juli 2007, S. 15-19.

Punkt der Diskussion auf einer Stufe, bei der es noch gar nicht darum geht, einem Staat in der Situation globaler Wirtschaftskonkurrenz möglichst viele qualifizierte Fachkräfte auszubilden, sondern schlicht jeden Bürger gleichermaßen zu der Wahrnehmung seiner durch den demokratischen Sozialstaat garantierten Rechte zu befähigen. Der Ruf nach einer Bildung, die im humboldtschen Sinne auf den Erwerb von Freiheit gerichtet ist, mag in der Postmoderne als antiquiert verworfen werden, ist in ihr aber wichtiger als je zuvor. Eine entsprechende Bildungsdiskussion könnte Vorbilder nicht nur in Humboldt finden, sondern eben auch in der Debatte der 60er Jahre. Wenn der Blick durch eine solche Diskussion wieder auf die Bildung des gesamten Menschen als eines Individuums gelenkt würde, dessen Förderung der Staat sich zu seinem Grundanliegen gemacht hätte, wären wir sicher ein gutes Stück weiter.

Literaturverzeichnis

75 Jahre Alfred-Krupp-Schule. 1908-1983, Essen 1983.

Arbeitsgruppe Bildungsbericht am Max-Planck-Institut für Bildungsforschung: Das Bildungswesen in der Bundesrepublik Deutschland. Strukturen und Entwicklungen im Überblick, vollständig überarbeitete und erweiterte Neuausgabe Hamburg 1994 (1979).

Dahrendorf, Ralf: Bildung ist Bürgerrecht. Plädoyer für eine aktive Bildungspolitik, Hamburg 1972 (1965).

Deutscher Bildungsrat: Empfehlungen der Bildungskommission. Strukturplan für das Bildungswesen, Stuttgart ^{4}1972 (1970).

Führ, Christoph/ Furck, Carl-Ludwig (Hg.): Handbuch der deutschen Bildungsgeschichte, Band 6: 1945 bis zur Gegenwart. Erster Teilband. Bundesrepublik Deutschland, München 1998.

Herrlitz, Hans-Georg/ Hopf, Wulf/ Titze, Hartmut/ Cloer, Ernst: Deutsche Schulgeschichte von 1800 bis zur Gegenwart. Eine Einführung, Weinheim und München ^{4}2005.

Hüfner, Klaus/ Naumann, Jens/ Köhler, Helmut/ Pfeffer, Gottfried: Hochkonjunktur und Flaute: Bildungspolitik in der Bundesrepublik Deutschland 1967-1980, Stuttgart 1986.

Klemm, Klaus u.a.: Bildungsgesamtplan '90: Ein Rahmen für Reformen (=Veröffentlichungen der Max-Traeger-Stiftung Bd.12), Weinheim und München 1990.

Michael, Berthold/ Schepp, Heinz-Hermann (Hg.): Die Schule in Staat und Gesellschaft. Dokumente zur Deutschen Schulgeschichte im 19. und 20. Jahrhundert, Göttingen 1993.

Noss, Peter: Georg Picht, in: http://www.bautz.de/bbkl/p/picht_g.shtml (Stand: 14.08.2007).

Picht, Georg: Die deutsche Bildungskatastrophe. Analyse und Dokumentation, Olten und Freiburg im Breisgau 1964.

Picht, Georg: Grundprobleme der Schulreform, in: Friedeburg, Ludwig von (Hg.): Jugend in der modernen Gesellschaft (= Neue wissenschaftliche Bibliothek Bd. 5. Soziologie), Köln/Berlin ^{7}1971 (1965).

Roth, Heinrich (Hg.): Begabung und Lernen. Ergebnisse und Folgerungen neuer Forschungen (= Deutscher Bildungsrat. Gutachten und Studien der Bildungskommission Bd. 4), Stuttgart ^{10}1976 (1968).

Schnuer, Günther: Die Deutsche Bildungskatastrophe. 20 Jahre nach Picht - Lehren und Lernen in Deutschland, Herford 1986.

Smith, Julie: Biography of Dahrendorf, in: http://www.liberalhistory.org.uk/item_single.php?item_id=23&item=biography&PHPSESSID=32f74420ec33 (Stand: 14.08.2007).

Spiewak, Martin: Die Revolution von Fehmarn, in: Die Zeit. Nr. 29, 12. Juli 2007, S. 15-19.

Ständige Konferenz der Kultusminister der Länder in der Bundesrepublik Deutschland: Bedarfsfeststellung 1961 bis 1970 für Schulwesen, Lehrerbildung, Wissenschaft und Forschung, Kunst und Kulturpflege. Dokumentation, Stuttgart, ohne Jahr.